5 Minuten Pferdegeschichten

für Erstleser

gondolino

FSC
www.fsc.org
MIX
Papier aus ver-
antwortungsvollen
Quellen
FSC® C020353

ISBN 978-3-8112-3561-8
1. Auflage 2021
© für diese Ausgabe: gondolino GmbH, Bindlach 2021
Umschlagillustrationen: Julia Gerigk
Umschlaggestaltung: Vanessa Braun
Printed in the EU

Der Umwelt zuliebe gedruckt auf chlorfrei gebleichtem Papier.

www.gondolino.de

Inhalt

Dagoberts Siegeskuss 8

Mollys Geheimnis 14

Das achtbeinige Pferd 19

Der Hofgeist 23

Maxi und das Matheheft 27

Schöne Ferien! 32

Stups, das Flusspferd 36

Rettung in letzter Sekunde 42

Das Plüschpferd 48

Amelie und der Ausreißer 52

Das schönste Pferd im Stall 59

Das Geheimnis der Pferdeflüsterin

    Aufgeben gilt nicht! 64

    Ein Fall für Finja 69

    Was ist mit Waldfee los? 75

    Geheimnisse 80

    Pferd vermisst! 86

    Wenn zwei sich freuen 92

    Wir schaffen es gemeinsam 98

Rätsel und Antworten 104

Quellenverzeichnis 108

Dagoberts Siegeskuss

Kajas Hengst Dagobert ist ein
freundliches Pferd.
Jeden, den er kennt, begrüßt er.
Am liebsten mit einem Küsschen.

„Dein schreckliches Pferd hat mich
angesabbert!", schimpft Frau Groth,
Kajas Nachbarin.

8

„Dagobert mag Sie nun mal", sagt Kaja
und kichert.
Heute ist Dorffest.
Kaja führt Dagobert am Zügel zum
Ringreiten.

An der Wurfbude auf der Festwiese
steht Frau Groth mit ihrer Enkelin Mia.
„Ich will den Teddy!", jammert Mia und heult.
Sie zeigt mit ihrem Finger auf einen
riesigen Plüschbären.

Er ist der Hauptgewinn.

„Mia-Schatz, Oma kann nicht gut werfen",

sagt Frau Groth.

Aber Mia weint und weint.

Frau Groth seufzt.

Sie bezahlt, nimmt sich

einen Ball und zielt.

Kaja sieht gespannt zu.

Plötzlich zieht Dagobert ihr die Zügel
aus der Hand.

Er läuft zu Frau Groth und drückt ihr
ein Küsschen auf die Wange.

Frau Groth zuckt zusammen.

„Igitt!",
quietscht sie und reißt
die Arme hoch.

Der Ball fliegt ihr aus der Hand und saust

mitten in den Dosenstapel.

Alle Dosen scheppern zu Boden.

„Gewonnen, Oma!", ruft Mia begeistert.

Der Wurfbudenmann reicht ihr den
Stoffbären.

Frau Groth kramt einen Apfel aus der Tasche
und hält ihn Dagobert hin.

„Danke, Dagobert", sagt sie und
streichelt ihn. „Ohne dich hätte
ich das nie geschafft."

Sie kichert verlegen.

„Ich brauche nämlich dringend
eine neue Brille."

„Nicht wahr?", fragt Kaja.

„Dagobert ist nicht nur freundlich,
sondern auch hilfsbereit!"

Mollys Geheimnis

Es ist die erste Reitstunde nach den
Sommerferien.
„Ganze Abteilung Trab!", ruft Robert, der
Reitlehrer.
„Los, Molly!", flüstert Paula und
drückt der braunen Stute die
Schenkel in die
Seiten.

Alle Ponys traben an.
Nur Molly nicht.

Träge trottet sie durch die Reithalle.

„Molly, du bist richtig faul geworden!",

schimpft Paula nach der Reitstunde.

„Und dick noch dazu."

Die Stute schnaubt und stupst

gegen Paulas Rucksack.

„Nee, du Faultier", sagt Paula.

„Eine Möhre hast du dir heute echt nicht

verdient."

Paulas Mutter wartet schon

vor dem Stall auf ihre Tochter.

„Stell dir vor", ruft sie, „Sofie bekommt

ein Baby!"

Sie streckt Paula ein Foto entgegen.

Paulas Tante Sofie wohnt in Kanada.

Auf dem Foto hat sie einen kugelrunden

Babybauch.

„Sie schreibt, sie mag gar nicht

mehr laufen", sagt Paulas Mama.

Paula stutzt.

„Runder Bauch", murmelt sie.

„Mag nicht mehr laufen ... Genau wie Molly!"

Paula drückt ihrer Mutter das Bild in die Hand

und rast zurück in den Stall.

Robert steht vor Mollys Box und spricht in

sein Handy.

„Das war Doktor Larsen", sagt er,

nachdem er aufgelegt hat.

„Er hat Molly heute Morgen untersucht."

„Stimmt es, dass sie ein Fohlen bekommt?",

fragt Paula aufgeregt.

Robert reißt die Augen auf.

„Woher weißt du das denn? Der Doktor hat

es mir doch eben erst erzählt."

Paula lächelt geheimnisvoll.

„Von meiner Tante aus Kanada …"

Das achtbeinige Pferd

Die Stute Odina bekommt heute
Nacht ihr Fohlen.
Ida und Maja wollen unbedingt dabei sein!
In einer Stallecke bauen sie sich ein
Nachtlager.

„Ich wecke euch, wenn es so weit ist",
sagt Pferdepfleger Benno.
Die beiden Freundinnen kuscheln
sich ins Stroh.

19

„Ich lese noch was", sagt Maja.

Sie zieht ein Buch aus dem Rucksack.

Auf dem Umschlag jagt ein achtbeiniges

Pferd durch den Nebel.

„Das ist ein Geisterpferd", erklärt Maja ihrer

Freundin. „Es will die Prinzessin entführen."

„Wie gruselig", sagt Ida und gähnt.

Mitten in der Nacht schreckt sie hoch.

„Maja, da war ein Geräusch!", wispert sie.

Im Dunkeln tastet sie nach ihrer Freundin.

Doch Majas Schlafsack ist leer!

Plötzlich erfüllt ein bleiches Licht

den Stall.

Und über die Wand flackert der Schatten

eines Pferdes mit acht Beinen!

Ida läuft ein Schauer über den Rücken.

Das Geisterpferd!

Es hat Maja entführt!

Auf der Stallgasse hallen Schritte.

Voller Angst kneift Ida die Augen zu.

Jemand zieht an ihrem Schlafsack.

Es ist Maja!

„Wach endlich auf, du Schlafmütze!", flüstert

sie. „Das Fohlen ist da."

Sofort ist Ida hellwach.

Hinter Maja läuft sie zu Odinas Box.

Ein kleines Fohlen steht neben der Stute.

Daneben kniet Benno mit einer

Taschenlampe.

Auf einmal fängt Ida an zu kichern.

Es gibt gar kein achtbeiniges Geisterpferd.

Der unheimliche Schatten, das sind Odina

und ihr Fohlen im Schein von Bennos Lampe!

Der **Hof**geist

Die letzte Nacht auf dem Ponyhof dürfen alle

Kinder im Heu übernachten.

Gespannt richtet sich Anna

ein Lager im Stall.

Iris und Lena legen sich

neben sie.

Vom vielen Reiten ist Anna hundemüde.

Lucky ist einfach ein tolles Pony!

Auch den anderen im Heu fallen

schon die Augen zu.

Aber als ihre Lehrerin Kerstin das Stalllicht

ausmacht, sind plötzlich alle wieder wach.

Nur der Mond scheint herein.

Richtig gruselig ist das!

Anna kuschelt sich ein bisschen an Lena.

„Kennt ihr eigentlich schon unseren

Hofgeist?", fragt Kerstin geheimnisvoll.

Alle Mädchen murmeln ein gespanntes „Nein".

„Dann will ich euch von ihm erzählen!", flüstert Kerstin weiter.

„Er wohnt gleich nebenan. Manchmal schleicht er sich mitten in der Nacht an und …"

Plötzlich quietscht das Tor hinter Kerstins Schlafplatz.

„Der … der Geist!", stottert sie nun selbst erschrocken.

Langsam kommt ein Schatten auf die Mädchen zu.

Anna beißt sich vor Spannung auf

die Lippen.

Aber dann lacht sie.

„Klar, ich kenn den Geist!"

Jetzt sehen es auch die anderen.

Es ist Annas Lieblingspony!

„Mensch, Lucky!", stöhnt Kerstin.

„Musst du gerade dann ausbüxen,

wenn ich Gruselgeschichten erzähle?"

Maxi und das Matheheft

Gleich nach der Schule fährt Lara

zu ihrem Pflegepferd.

„Frau Marek ist blöd!", ruft sie wütend

und wirft ihre Schultasche in Maxis Box.

„In Mathe haben wir irre viele

Hausaufgaben auf."

Lara kramt nach ihrem Arbeitsheft

und blättert darin.

„Das dauert Stunden", stöhnt sie genervt.

„Ausreiten können wir heute nicht."

Die braune Stute schnaubt.

„Kein Ausritt – und das nur wegen

dieses dummen Heftes?", scheint

sie zu denken.

Blitzschnell schnappt Maxi sich

das Heft.

„Gib wieder her!", ruft Lara

erschrocken.

Aber Maxi hält fest.

Lara zieht an dem Umschlag.

Ratsch!

Das Heft zerreißt und fällt
in einen Haufen Pferdeäpfel!

„Wie sieht das denn aus?", fragt Frau Marek
am nächsten Tag.
Mit spitzen Fingern hebt sie Laras Heft hoch.
„Das war mein Pflegepferd Maxi",
murmelt Lara.
„Maxi war sauer. Wir konnten nicht
ausreiten – wegen der Hausaufgaben."

Die Lehrerin runzelt die Stirn
und schaut zur Tafel.
Plötzlich wird sie rot.
„Mathe: 11 Seiten im Arbeitsheft"
steht dort.
„Oje … Ich meinte ... Seite elf", stammelt sie.
„Elf Seiten sind viel zu viel!"
„Das fand Maxi auch", sagt Lara und kichert.
Frau Marek nickt.

„Deshalb gibt es bis Freitag keine
Hausaufgaben mehr."
„Super!", ruft Lara.
„Dann kann ich ja
jeden Nachmittag ausreiten.
Mit Maxi!"

Schöne Ferien!

Papa ist motzig.

Das ganze Jahr über hat er vom Urlaub am

Meer geträumt.

Aber jetzt streiken seine

Zwillinge.

„Wir wollen auf einen

Ponyhof!", fordert Laura.

„Mindestens zwei Wochen!",

fügt ihre Schwester Jana hinzu.

Mama zuckt mit den Schultern.

„Am Meer waren wir doch schon

im letzten Jahr", sagt sie.

„Ihr immer mit euren Pferden!", stöhnt Papa.

Aber Laura und Jana lassen nicht locker.

„Also gut!", schnauft Papa dann.

„Junge Damen soll man nicht enttäuschen!"
Begeistert drücken ihm Jana und Laura

einen Kuss auf die Wange.

Einen Monat später fahren sie los.
„Warum grinst Papa so seltsam?",

flüstert Jana im Auto.

Laura wundert sich auch.

„Und Mama zwinkert ihm immer zu!"

Bestimmt hecken die beiden etwas aus.

Als sie am Abend ankommen, tuschelt Papa

mit dem Hofbesitzer.

Schließlich winkt er die Mädchen in den Stall.

„Hier sind die Pferde", sagt er und zeigt in

eine Box.

Laura und Jana recken sich

und schauen über die Tür.

Muckel und Fonsi sind unheimlich niedlich.

Aber das andere Pferd ist doch viel zu groß!

„Auf Rasputin werde ich reiten!",

erklärt Papa stolz.

„Duuuuuuu?", rufen die Zwillinge erstaunt.

Papa nickt.

„Ja, ich!", sagt er. „Und Mama bekommt den

Schimmel dahinten!"

Da fallen ihm seine Töchter um den Hals.

„Papa, du immer mit deinen Pferden!",

rufen beide im Chor.

Stups, das Flusspferd

Heute ist die Prüfung zum kleinen Hufeisen.

„Los geht's, Stups!", sagt Jule zu

ihrem Pferd.

Schritt, Trab, Galopp und

zum Schluss ein

kleiner Sprung.

Stups macht alles genau so, wie Jule es will.

Nun wird die Pferdepflege geprüft.

36

Jule und die anderen Kinder binden ihre

Pferde auf dem Putzplatz an.

Puh, ist das heiß hier!

Jule säubert die Hufe und ölt sie ein.

Dann kämmt sie die Mähne

und flicht Stups einen Zopf

in den Schweif.

Fertig!

разглядывать

Stolz betrachtet Jule ihr Pferd.

экзаменор

Da kommt auch schon der Prüfer.

Stups und Jule müssen warten.

Sie sind als Letzte dran.

шаркать   scharren

Unruhig scharrt Stups mit den Hufen.

„Hast du Durst?", fragt Jule.

Sie bindet Stups los und führt ihn

пруд

zum Teich neben dem Putzplatz.

жадный
bzaxib,

Gierig trinkt der Wallach.

„Jetzt schnell zurück", sagt Jule.

Aber Stups schüttelt den Kopf.

Er watet einen Schritt ins Wasser.

„Nicht!", ruft Jule.

„Du wirst ganz schmutzig!"

Zu spät.

Stups lässt sich fallen

und wälzt sich im Teich.

Seerosen hängen in seiner Mähne

und sein Fell ist voller Schlamm.

„Ade, kleines Hufeisen", denkt Jule

verzweifelt.

Auf einmal steht der Prüfer neben ihr.

„Stups mag nicht in der Sonne stehen",

murmelt Jule. „Er hatte Durst."

Der Prüfer schmunzelt.

„Für das kleine Hufeisen

muss ich prüfen, wie gut du

dein Pferd pflegst", sagt er wieder ernst.

„Noch wichtiger aber ist, dass du weißt,

was deinem Stups guttut."

Nun lacht der Prüfer.

„Wie ich sehe, weißt du das sehr gut",

sagt er.

Der Prüfer öffnet seine Mappe

und holt eine Urkunde heraus.

„Herzlichen Glückwunsch, Jule und Stups!

Ihr habt die Prüfung zum kleinen Hufeisen

bestanden."

Rettung in letzter Sekunde

Pina und ihre Eltern machen Ferien
auf der Insel Lüttenoog.
„Oje, heute regnet's", sagt Pina, als sie am
Morgen aus dem Fenster schaut.
„Macht nichts", antwortet Mama.
„Wir wandern trotzdem."

Pina, Mama und Papa laufen bis zur

Südspitze der Insel.

Riesige Wellen donnern hier gegen das Ufer.

„Richtiges Hochwasser", staunt Papa.

Plötzlich lauscht Pina.

Ruft da etwa jemand?

Nein, jetzt hört sie es genau:

In der Nähe wiehern Pferde.

Wieder und wieder.

Da stimmt etwas nicht!

Pina läuft über die Düne.

„Oh nein!", ruft sie erschrocken.

Die Wiese hinter der Düne ist überschwemmt!

Ein Brauner und ein Schimmel stehen bis

zum Bauch in den Wellen.

„Wir müssen sie retten!", ruft Pina

und watet ins Wasser.

Papa hält sie zurück.

„Das ist viel zu gefährlich!"

Er holt sein Handy hervor und wählt 112.

44

Dann warten sie.

„Das Wasser steigt weiter!",

ruft Pina verzweifelt.

Mama zeigt zur Straße.

„Endlich! Da kommt die Feuerwehr."

Am nächsten Morgen ist das Meer wieder

blank wie ein Spiegel.

Pina rührt in ihrem Frühstücksmüsli.

„Wie die Pferde hinter dem Schlauchboot

hergeschwommen sind", sagt

sie bestimmt zum achten Mal.

„Hoffentlich geht es ihnen gut!"

„Bestimmt", beruhigt Papa sie.

Er zeigt aus dem Fenster.

Vor dem Haus hält eine Kutsche.

„Reitstall Norddorf" steht darauf.

Die beiden Pferde davor sind weiß

und braun.

„Das sind sie!", ruft Pina

und rast nach draußen.

„Bist du Pina Fischer?", fragt die

Frau auf dem Kutschbock.

Pina nickt.

„Ich bin Frau Bengen", sagt die Frau.

„Und das sind Freya und Fiete."

pomagiert / ласкать

Pina streichelt die weichen Pferdenasen.

„Die beiden wollen sich bei dir für ihre

Спасение

Rettung bedanken", sagt Frau Bengen

und lächelt.

„Hast du Lust auf eine Kutschfahrt?"

радуется, ликует

„Na klar!", jubelt Pina.

Und ob sie dazu Lust hat!

А хотет ли они

Das Plüschpferd

Elisa wohnt in der Stadt.

Kein einziges Pferd gibt es da.

Dabei will Elisa so gern reiten.

„Ich wünsche mir ein Pferd zum

Geburtstag", verkündet sie.

Mama seufzt.

„Dafür haben wir keinen Platz", sagt sie.

„Du hast doch Bubi."

Elisa seufzt auch.

Bubi ist süß – aber auf einem Hamster

kann man doch nicht reiten!

Deshalb schreibt Elisa auf ihren

Wunschzettel nur ein Wort:

In den Osterferien hat

Elisa Geburtstag.

Am Morgen springt sie aufgeregt

aus dem Bett.

In der Küche sitzen Mama und Papa

am bunt geschmückten Geburtstagstisch.

Neben einem Kuchen mit bunten Streuseln

liegt eine blaue Reitkappe.

Und davor steht ein Pferd.

Es ist aus Plüsch –
und winzig klein!

Elisa lässt den Kopf hängen.

„Ich will doch ein richtiges Pferd",

sagt sie leise. „Auf diesem kann

höchstens Bubi reiten."

Mama legt den Arm um Elisa.

„Schau mal genau hin!", sagt sie.

Elisa nimmt das Pferdchen in die Hand.

Es hat richtiges Zaumzeug

und einen Sattel aus Leder.

Unter dem Sattel klemmt ein

aufgerolltes Stück Papier.

Elisa zieht es heraus und liest:

Gutschein für eine Woche Reiterferien auf dem Hof Sonnenschein!

„Gleich morgen

fahren wir los",

sagt Papa.

„Juhu!", jubelt Elisa.

Glücklich umarmt sie ihre Eltern.

Das ist das tollste Geschenk der Welt!

Amelie und der Ausreißer

Vor dem neuen Haus stapelten sich die

Umzugskisten.

Amelie stemmte die Arme in die Seiten.

„Warum mussten wir bloß

umziehen?", schimpfte sie.

„Hier kenne ich doch

niemanden!"

Wütend stürmte sie an ihren Eltern vorbei
in den Garten.
Sollten Mama und Papa doch allein
auspacken!
Gleich hinter dem Haus führte ein Weg
in die Wiesen.
Amelie lief bis zu einem
Bauernhof.

„Thomsens Reitstall"

stand auf einem Schild.

Vor dem Stall putzten

ein paar Mädchen ihre Ponys.

Amelie seufzte. *вздохнула*

Früher war sie immer mit ihrer

Freundin Katja

zum Reiten gegangen.

Aber allein traute sie sich *не осмеливалась*

bestimmt nicht.

Amelie trottete weiter.

Am Waldrand setzte sie sich auf eine Bank.

Auf einmal raschelte es neben ihr.

Amelie sprang auf.

Ihr Herz klopfte wild.

Aber da war kein Wildschwein

und auch kein Hirsch.

Hinter einem Busch graste ein Pony.

Seine Zügel hingen auf dem Boden.

„Wo kommst du denn her?", fragte Amelie
und blickte sich um.

Ein Reiter war nicht zu sehen.

Langsam ging Amelie auf den Schecken zu.

Dann griff sie die Zügel.

Das Pony riss erschrocken den

Kopf hoch.

„Ganz ruhig!", sagte Amelie.

Da hörte sie
auf einmal eine Stimme.

„Elvis, du Ausreißer!"

Ein Mädchen kam aus dem
Wald gelaufen.

„Hat Elvis dich abgeworfen?", fragte Amelie.

„Und wie!", sagte das Mädchen.

„Danke, dass du ihn aufgehalten hast."
Sie rieb sich den Po.

„Ich gehe besser zu Fuß nach Hause.

Willst du mitkommen?

Ich wohne gleich da vorn."

Sie zeigte zum Reitstall.

„Gern", sagte Amelie und strahlte.

Ihr neues Zuhause kam ihr

plötzlich gar nicht mehr doof vor.

Das schönste Pferd im Stall

Emma blickt finster über den Schulhof.

Da steht Lea und erzählt mal wieder von

Bella, ihrem Pflegepferd.

„Bella hier, Bella da",

schnauft Emma genervt.

Emmas Freundin Feli lacht.

„Bist du neidisch?", fragt sie.

„Gar nicht", sagt Emma.

Aber Feli hat recht.

Emma möchte auch so gern mal auf einem

Pferderücken sitzen.

Und Emma hat Glück!

Zum Geburtstag bekommt sie

einen Reitkurs geschenkt.

Aufgeregt fährt sie zu ihrer ersten Stunde.

Emma darf auf Libelle reiten, einer

sandfarbenen Stute.

„Libelles Fell schimmert wie Seide",

erzählt Emma am nächsten Tag in der

Schule. „Sie ist einfach toll!"

60

Feli kichert. *восторг, восхищенный*

„Jetzt schwärmst du genauso

wie Lea von Bella", sagt sie.

Emma wird rot. *покраснела*

Dann schaut sie sich um.

„Wo ist Lea überhaupt?" *вообще*

„Krank", sagt Feli. „Sie hat sich den Knöchel *лодыжка*

verknackst." *хрустнула*

Jeden Tag radelt Emma zum Reitstall,

um sich um Libelle zu kümmern.

Als sie mal wieder Libelles glänzende Mähne

bürstet, kommt plötzlich Lea die Stallgasse

heraufgehumpelt.

„Hallo, Bella!", ruft sie.

Libelle reckt den Kopf über die Boxenwand.

„Wieso Bella?", fragt Emma verwirrt.

„Das ist Libelles Spitzname", sagt Lea.

„Wusstest du das nicht?"

Emma schüttelt den Kopf.

Die beiden Mädchen schweigen verlegen.

„Es dauert noch eine Weile, bis ich wieder reiten kann", sagt Lea dann. „Würdest du dich so lange ...?"
Sie stockt mitten im Satz.
„Mich um Libelle kümmern?", fragt Emma lachend.
„Klar mach ich das. Schließlich ist Bella das tollste Pferd der Welt!"

Das Geheimnis der Pferdeflüsterin

мой. птиуз

Aufgeben gilt nicht!

удивляется

Finja wundert sich.

Wo bleiben Helene und Karim?

они пробуии 4 часо

Sie haben vier Uhr ausgemacht.

Jetzt ist es fast halb fünf.

след

Und keine Spur von ihren

Detektiv-Freunden!

Da kommen die beiden!

Helene in Reitstiefeln und

Karim mit Fußballschuhen.

нахмурила лоб

Finja runzelt die Stirn.

„Ihr seid zu spät zum Klubtreffen."

„Tut mir leid", sagt Helene.

„Die Reitstunde hat heute länger

gedauert."

Karim zielt mit seinem Fußball auf

den Stamm vom Apfelbaum.

„Volltreffer!", freut er sich.

Dann zuckt er mit den Schultern.

„Ist doch nicht so schlimm.

Wir haben sowieso keinen Fall."

Finja ärgert sich. Es stimmt.

Vor drei Wochen haben sie den

Detektivklub gegründet.

Und seither sind sie arbeitslos.

Kein Verbrecher weit und breit.

Finja sieht Karim streng an.

„Aufgeben gilt nicht!"

„Tun wir gar nicht", sagt Helene. „Wir machen

nur was anderes, bis ein Fall kommt."

Finja will aber nichts anderes machen.

Sie will Detektivin sein.

„Lasst uns Detektivausweise basteln!",

schlägt Finja vor.

Sie lächelt ihre Freunde an.

Aber eigentlich ist sie traurig.

Wieso ist sie als Einzige noch Feuer und

Flamme für den Klub?

Helene und Karim haben immer weniger Zeit.

Helene geht fast jeden Tag reiten.

Bald wird sie sogar ein eigenes

Pferd bekommen.

Und Karim kickt wieder öfter.

„Jetzt erst recht!", denkt Finja.

Dann ist sie eben ab heute Solo-Detektivin!

Mit Fernglas und Notizblock streift Finja

durch die Stadt.

Sie beobachtet alles ganz genau.

В этом она действ. хороша

Darin ist sie richtig gut.

Nur leider macht es alleine überhaupt

keinen Spaß.

Als Finja wieder mal ohne Fall zurückkommt,

geht sie bei Helene vorbei.

Die wohnt mit ihren Eltern in einem

renovierten Bauernhaus.

Auf der Wiese vor dem Haus grast

heute ein Pferd!

Helene steht stolz daneben.

„Hallo Finja! Das ist Waldfee.

Ist sie nicht

wunderwunderschön?"

Ein **Fall** für **Finja**

Finja nickt. Aber übertreibt Helene

da nicht ein bisschen?

Ihre Freundin redet gleich weiter:

„Waldfee ist eine Tinkerstute. Sie hat auch

an den Fesseln Haare. Als ob sie Stiefel

tragen würde. Und die braun-weißen Flecken

sehen aus wie Schokopudding mit Sahne."

Helene holt kurz Luft.

„Und, wie findest du Waldfee?"

„Ganz nett", antwortet Finja.

„Ganz nett?", ruft Helene. „Sie ist das tollste

Pferd auf der ganzen Welt!"

Finja lacht. „Ich hab's kapiert."

Sie freut sich für Helene.

Und vergisst, dass sie eigentlich noch sauer

ist wegen des Klubs.

„Willst du Waldfee streicheln?", fragt Helene.

Finja zögert. *He решается, медлит, раздумывает, прикасаться*

Sie hat noch nie ein Pferd berührt.

Da kommt Helenes Papa aus dem Haus.

„Hallo, Finja! Hast du schon unseren

neuen Zaun *забор* gesehen? Den hab ich

selbst gemacht. Obwohl ich eigentlich

zwei linke Hände habe."

Der Zaun ist etwas schief. *косой, кривой*

„Super", sagt Finja.

70

„Jetzt hat Waldfee
eine richtige Koppel und
einen Offenstall", sagt Helene.

„Hat hier jemand Lust auf

Himbeerkuchen?",

fragt Helenes Mama.

„Ich!", rufen Finja und Helene gleichzeitig.

Eine Woche später schickt Helene eine

Nachricht an Finja und Karim.

SOS! Waldfee geht es nicht gut.

Brauche eure Hilfe.

71

Finja und Karim sind sofort da.

Karim hat seinen Papa mitgebracht.

Der ist Tierarzt auf dem Reiterhof.

Waldfee steht im

Offenstall.

Sie kneift das Maul

zusammen und kräuselt die Nüstern.

Helene will die Stute streicheln,

aber Waldfee schüttelt die Hand ab.

„Gefressen hat sie auch kaum",

erzählt Helene.

Karims Papa untersucht das Pferd.

Er lässt sich Zeit und redet freundlich

mit Waldfee.

Der Tierarzt beruhigt Helene:

„Deine Stute ist gesund. Sie braucht

nur ein bisschen Zeit, um sich an ihr neues

Zuhause zu gewöhnen."

Helene fällt ein Stein vom Herzen.

Finja und Karim sind auch sehr froh.

Sie bleiben noch bei Waldfee

und reden ihr gut zu.

Zwei Tage später klingelt Helene bei Finja.

„Waldfee geht es nicht besser.

Du kannst doch so toll beobachten.

Bitte geh heute und morgen zu ihr

auf die Koppel. Schreib alles auf,

was dir seltsam vorkommt."

„Klar helfe ich dir", sagt Finja

und holt ihren Block.

Was ist mit Waldfee los?

Beobachten ist echt anstrengend.

Finja sitzt jetzt schon drei Stunden

auf ihrer Decke im Gras.

Gestern war sie auch ganz lange

auf der Koppel.

Weit genug weg von Waldfee,

damit die Stute ihre Ruhe hat.

Was war das jetzt gerade?

Waldfee hat schon wieder ein Ohr

nach rechts gedreht.

In eine bestimmte Richtung!

Unruhig trabt sie zum Zaun und starrt auf

einen Punkt in der Ferne.

Das hat sie gestern und heute

ganz oft gemacht.

Aber was soll da sein?

Finja sieht nur Wald.

Helene holt die Stute von der Koppel.

„Komm, meine Süße! Ich striegele dich jetzt
und danach reiten wir aus. Was hältst du
davon?"

Waldfee hebt nur kurz den Kopf.

Traurig geht sie zum Stall mit.

Finja geht auch zum Stall und erzählt

Helene, was sie beobachtet hat.

„Ich glaube, Waldfee sucht irgendwas."

Helene bürstet die Mähne der Stute.

„Bestimmt sucht sie ihr Zuhause,

den Reiterhof."

Finja schüttelt den Kopf.

„Der Reiterhof liegt ganz woanders. Ich hab

die Himmelsrichtungen schon geprüft."

Helene staunt. „Du bist wirklich

eine tolle Detektivin!"

Finja seufzt.

„Leider hilft uns das nicht weiter."

Helene streckt Finja die Bürste hin.

„Willst du Waldfee auch striegeln?"

„Nein, keine Lust", sagt Finja.

Das stimmt nicht ganz.

Finja hat schon Lust, aber sie ist unsicher.

Was, wenn Waldfee plötzlich ausschlägt?

Aber eigentlich ist sie ein liebes,

ruhiges Pferd.

Und wie schön ihr Fell glänzt!

Das fällt Finja erst jetzt auf.

Im Stall duftet es nach Heu und Pferd.

Finja macht kurz die Augen zu.

Auf einmal wird sie auch ruhig.

Und sie ist ganz sicher:

Bald wird sie herausfinden, was mit

Waldfee los ist!

Ge**heim**nis**se**

Am nächsten Tag nach der Schule

radelt Finja wieder zur Koppel.

Waldfee kickt mit dem Huf gegen den Zaun.

Zwei Latten sind locker.

Sie fallen ab!

Waldfee streckt den Kopf und zieht die

Oberlippe hoch.

Hat sie etwas gerochen?

Jetzt schlüpft die Stute durch die

Lücke im Zaun.

Oh nein! Waldfee büxt aus!

Schnell radelt Finja hinterher.

Waldfee galoppiert in den Wald.

Sie weiß genau, wo sie hinwill.

Es geht tief in den Wald hinein.

Dann wird es wieder hell.

Bei einer Wiese bleibt Waldfee stehen.

Aufgeregt tänzelt sie hin und her.

Ihre Ohren zeigen nach links.

Finja dreht sich nach links um.

Jetzt weiß sie, warum Waldfee so

aufgeregt ist.

Auf der Wiese steht ein Pferd!

Es hat große weiße Flecken und dazwischen

ein paar braune.

Wie Sahne mit etwas Schokopudding.

Waldfee und das Pferd laufen aufeinander zu.

Sie stecken die Köpfe zusammen

und schnauben.

Leise legt Finja ihr Rad ins Gras.

Sie stellt sich unter einen Baum.

Waldfee und das andere Pferd

kennen sich. Sie sind Freunde!

Finja beobachtet die beiden.

Sie kraulen sich gegenseitig das Fell.

Ganz zart knabbert Waldfee am Rücken

ihres Freundes.

Das andere Pferd genießt es.

Es hebt den linken Hinterhuf leicht

an und entspannt

sich.

Finja wagt kaum zu atmen. *поиметь egba*

Ist das schön, den beiden zuzusehen! *cuotpetcl*

Finja vergisst ihren Notizblock.

Und sie vergisst die Zeit.

Waldfee und ihr Freund stehen

immer noch dicht beieinander.

Doch plötzlich trabt das andere Pferd davon.

Jetzt dreht es Waldfee sogar die Schulter zu!

Finja wundert sich.

Ist es jetzt beleidigt?

83

Waldfee spitzt die Ohren.

Dann trabt sie ihrem Freund

hinterher.

Sie stellt sich neben ihn und berührt ihn

sanft am Hals.

Und was tut das andere Pferd?

Es knabbert an Waldfees Maul.

Was es wohl damit sagen will?

Da macht Waldfee einen Sprung.

Und schon galoppiert sie mit ihrem

Freund über die Wiese.

Jetzt versteht Finja.

Das andere Pferd hat Waldfee gefragt,

ob es mit ihm spielen möchte!

Finja muss lachen.

Waldfee und ihr Freund bleiben stehen

und sehen zu ihr herüber.

„Keine Sorge", sagt Finja. „Ich verrate euer

Geheimnis nicht."

Pferd **ver**misst!

Finja verrät das Geheimnis wirklich nicht.

Vielleicht treffen sich die Pferde ja

morgen wieder?

Finja hat Glück.

Am nächsten Tag sind Waldfee

und ihr Freund wieder da.

Finja will näher bei ihnen sein.

Langsam geht sie auf die Tiere zu.

Die Pferde lassen sich nicht stören.

Doch als Finja ihnen direkt in die Augen

sieht, laufen sie schnell weg.

Wie schade! Finja denkt nach.

Dann probiert sie etwas aus.

Finja geht ein Stück weg, dreht

den Pferden die Schulter zu

und wartet.

Erst passiert nichts.

Dann raschelt es hinter ihr.

Finja bleibt ruhig stehen.

Auf einmal spürt sie ein

warmes Pferdemaul

an ihrer Schulter.

Beide Pferde sind ihr gefolgt.

Waldfee krault sanft Finjas Rücken.

Das kitzelt und ist wunderschön.

„Ihr wollt mit mir spielen?", flüstert Finja.

Waldfee und das andere Pferd

spitzen die Ohren.

Dann trabt Waldfee übermütig los.

Finja darf mitspielen!

Zu dritt laufen sie über die Wiese

und machen kleine Bocksprünge.

„Jetzt kann ich aber nicht mehr!"

Finja lässt sich ins Gras fallen.

Waldfee und das andere Pferd ruhen

sich neben ihr aus.

Finja ist so glücklich.

Die Pferde haben sie in ihre kleine Herde

aufgenommen!

Viel später verabschiedet Finja

sich von ihren neuen Freunden.

Auf dem Weg nach Hause entdeckt Finja an

einem Baum einen merkwürdigen Zettel.

Den muss sie sich genauer ansehen:

Pferd gesucht!

Wallach Flori wird seit drei Tagen auf dem

Reiterhof Sonnenblume vermisst.

Wer ihn zurückbringt,

bekommt eine Belohnung.

Finja starrt auf das Foto.

Flori ist Waldfees Freund!

Schnell radelt Finja zu Helene.

Die macht sich große Sorgen und erzählt:

„Waldfee ist zweimal ausgebüxt! Gestern

ist sie zurückgekommen, aber heute noch

nicht."

Helenes Papa repariert den Zaun.

„Weißt du, wo sie steckt?", fragt er.

„Nicht genau", weicht Finja aus.

„Was soll das heißen?", fragt Helene.

Finja steigt wieder aufs Rad.

„Erzähl ich dir später. Jetzt muss ich
was erledigen!"

Wenn zwei sich freuen

Finja düst zurück zur Wiese am Waldrand.

Waldfee und Flori sind noch da.

„Komm, Flori!", sagt Finja.

„Ich bring dich jetzt nach Hause."

Sie greift sanft in seine Mähne.

Flori befreit sich und läuft weg.

„Ihr seht euch doch bald wieder",

verspricht Finja.

Flori legt die Ohren nach hinten.

Er versteht Finja nicht.

Sie muss anders mit ihm reden.

Finja geht ein Stück weg und zeigt

Flori die Schulter.

Es klappt!

Flori kommt zu ihr.

Jetzt lässt er sich führen.

Waldfee bleibt traurig

zurück.

Finja sieht ihr in die Augen.

„Lauf schnell zu Helene!

Sie wartet auf dich."

Waldfee zögert, aber dann

trabt sie davon.

Finja bringt Flori

nach Hause.

Herr Fuchs, der Besitzer, geht ihnen

auf dem Hof entgegen.

„Da bist du ja, Flori!"

Er schüttelt Finja die Hand.

„Danke, vielen Dank! Wo war Flori denn?

Wo hast du ihn gefunden?"

Finja erzählt von der Wiese und von Waldfee.

„Die Pferde sind dicke Freunde.

Sie gehören zusammen!"

Herr Fuchs seufzt. „Ich weiß. Als Waldfee
noch hier war, wollte ich sie und Flori
zusammen verkaufen. Aber niemand konnte
sich zwei Pferde leisten. Da musste ich sie
leider voneinander trennen."

„Aber die beiden sind so traurig", sagt Finja.
„Sie wollen sich öfter sehen. Geht das nicht
irgendwie?"
Herr Fuchs macht den Mund auf
und klappt ihn wieder zu.

Karim biegt mit Waldfee um die Ecke.

„Sie kam gerade aus dem Wald",
erzählt Karim.

Finja stöhnt.

„Du solltest doch bei Helene sein!"

Flori und Waldfee laufen aufeinander zu.

Sie stupsen sich mit dem Maul an
und kuscheln.

Finja drückt Karims Hand.

„Sieh nur, wie sie sich freuen!"

„Ja", sagt Karim leise.

Herr Fuchs räuspert sich.

„Danke, Finja. Vielleicht finden wir ja
doch noch eine Lösung. Ich denk
darüber nach."

Finja nickt.

„Bitte denken Sie ganz fest
darüber nach!"

Wir schaffen es gemeinsam

„Jetzt musst du aber brav sein", sagt Finja zu

Waldfee. „Helene hat große Angst um dich.

Komm, wir gehen zu ihr!"

Waldfee kuschelt sich eng an Flori.

Da hat Karim eine Idee.

„Ich hole Halfter und Führstrick."

Herr Fuchs legt Waldfee das

Halfter an und will Finja den

Strick geben.

Die schüttelt den Kopf. „Jetzt noch nicht."

Finja geht von Waldfee weg und dreht

ihr die Schulter zu.

Waldfee gibt sich einen Ruck

und läuft zu Finja.

Herr Fuchs staunt Bauklötze.

„Du bist ja eine Pferdeflüsterin!

98

Wo hast du das denn gelernt?"

Finja kraust die Stirn.

„Weiß nicht. Ich hab den Pferden einfach

zugesehen, wie sie sich bewegen."

„Toll!", sagt Herr Fuchs.

Finja und Karim verabschieden sich.

Sie nehmen Waldfee in die Mitte und

gehen los.

Finja nimmt den Führstrick, aber eigentlich

braucht sie ihn nicht.

Waldfee folgt ihr auch so.

Und Karim redet der Stute gut zu.

Zu zweit schaffen sie es,

Waldfee zu Helene zu bringen.

Helene fällt Waldfee um den Hals.

Sie lacht und weint und sagt:

„Hallo, meine Süße! Ich bin so froh,

dass du wieder da bist!"

Waldfee freut sich auch.

Sie lässt sich von Helene den Hals kraulen.

Gemeinsam gehen sie in den Garten.

Finja, Helene und Karim setzen sich

in die Hängematte.

Waldfee grast friedlich daneben.

Endlich kann Finja erzählen,

was sie erlebt hat.

Helene und Karim hören ihr gebannt zu.

„Das klingt ja wie ein Märchen", sagt Helene.

Karim lächelt.

„Ja, wie ein Märchen aus

tausendundeiner Pferdenacht!"

Finja flüstert: „Wisst ihr, was ich mir

wünsche? Dass Flori mit Waldfee hier

auf der Wiese spielen kann. Jeden Tag."

Helene springt aus der Hängematte.

„Das schlage ich gleich meinen Eltern vor."

Helene rennt ins Haus.

Bald kommt sie zurück.

„Stellt euch vor! Mama und Papa sind

einverstanden. Und Herr Fuchs hat

angerufen. Finja, er gibt dir Flori als

Pflegepferd! Zur Belohnung, weil du

so eine tolle Pferdeflüsterin bist."

Finjas Herz macht einen

Pferdesprung.

Ihr Wunsch ist in Erfüllung gegangen.

Einfach so!

Finja und Helene tanzen und jubeln.

Nur Karim ist auf einmal still.

„Was hast du denn?", fragt Helene.

Karim wird rot.

Dann holt er tief Luft.

„Ich wollte euch eigentlich fragen, ob wir

wieder was mit unserem Detektivklub

machen.

Aber jetzt habt ihr ja eure Pferde ..."

Finja wirft den Kopf zurück und lacht.

„Für den Klub hab ich

immer Zeit!"

1. **Was braucht Mias Oma? Eine ...** Kreuze an.

Jacke

Brille

Handtasche

Lösung aus „Dagoberts Siegeskuss": Frau Groth braucht eine neue Brille.

2. **Was ist nur mit Molly los?** Kreuze die richtige Antwort an.

- [ ] Molly ist über den Sommer faul geworden.
- [ ] Molly hat sich verletzt.
- [x] Molly bekommt ein Fohlen.

Lösung aus „Mollys Geheimnis": Molly bekommt ein Fohlen.

3. Verkehrt herum. Was hält Benno im Stall in der Hand? Kreuze an.

☐ EPMALNEHCSAT
☐ LEBAGUEH
☐ EKCEDLETTAS

Lösung aus „Das achtbeinige Pferd": Er kniet mit einer Taschenlampe im Heu.

4. Was passiert zuerst? Bringe die Bilder in die richtige Reihenfolge.

Lösung aus „Maxi und das Matheheft": 1. Lara geht nach der Schule wütend zu Maxis Box. 2. Das Heft zerreißt und fällt in einen Haufen Pferdeäpfel. 3. Lara freut sich und ruft „Super!"

5. Was fragt Jule ihr Pferd Stups? Kreuze die richtige Antwort an.

☒ „Hast du Durst?"
☐ „Kannst du nicht schneller laufen?"
☐ „Hast du keine Lust?"

Lösung aus „Stups, das Flusspferd": „Hast du Durst?", fragt sie.

Löse diese Rätsel!

6. **Wer möchte sich bei Pina bedanken?**
Kreise die richtigen Namen ein.

L	U	F	R	E	Y	A	T
K	R	I	T	O	L	F	U
M	O	E	G	R	A	N	I
B	A	T	A	N	J	A	S
G	R	E	T	P	L	U	G

Lösung aus „Rettung in letzter Sekunde": Frau Bengens Pferde
Freya und Fiete wollen sich bei Pina für ihre Rettung bedanken.

7. **Was findet Amelie hinter ihrer Bank am Waldrand?** Kreise ein.

rosa Fee  Pony  Reh

Lösung aus „Amelie und der Ausreißer": Das Pony Elvis.

8. **Welche Farbe hat Elisas neue Reitkappe?**
Kreuze die richtige Antwort an.

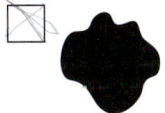 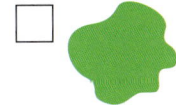 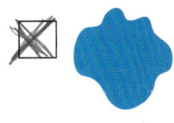

Lösung aus „Das Plüschpferd": Elisas neue Reitkappe ist blau.

9. **Worauf möchte Emma gern mal sitzen?**
Bringe die Silben in die richtige Reihenfolge.

RÜ PFER CKEN DE

Lösung aus „Das schönste Pferd im Stall": Emma
möchte auch gern mal auf einem Pferderücken sitzen.

10. **Lies genau in Spiegelschrift. Welche Früchte
sind auf dem Kuchen, den Helenes Mama
Finja und Helene anbietet?** Kreuze die richtige
Antwort an.

☐ HIMBEEREN
☐ ERDBEEREN
☐ BLAUBEEREN

Lösung aus „Das Geheimnis der Pferdeflüsterin", Kapitel
„Ein Fall für Finja": Sie bietet den beiden Himbeerkuchen an.

Quellenverzeichnis

Dagoberts Siegeskuss, Das achtbeinige Pferd, Maxi und das Matheheft,
Stups, das Flusspferd, Das Plüschpferd
aus: Heike Wiechmann, **Lesepiraten-Pferdegeschichten**
mit Illustrationen von der Autorin
© Loewe Verlag GmbH, Bindlach 2014

Mollys Geheimnis, Rettung in letzter Sekunde, Amelie und der Ausreißer,
Das schönste Pferd im Stall
aus: Heike Wiechmann, **Lesepiraten-Reitstallgeschichten**
mit Illustrationen von der Autorin
© Loewe Verlag GmbH, Bindlach 2011

Der Hofgeist, Schöne Ferien!
aus: THiLO, **Lesepiraten-Ponyhofgeschichten**
mit Illustrationen von Heike Wiechmann
© Loewe Verlag GmbH, Bindlach 2009, 2013

Lesepiraten – Das Geheimnis der Pferdeflüsterin
von: Henriette Wich
mit Illustrationen von Heike Wiechmann
© Loewe Verlag GmbH, Bindlach 2017